Impressum
Verlag: BABADADA GmbH, Nedderfeld 112 , 22529 Hamburg
Geschäftsführer / Verlagsleitung: Harald Hof
Druck: Books on Demand GmbH, In de Tarpen 42, 22848 Norderstedt

Imprint
Publisher: BABADADA GmbH, Nedderfeld 112 , 22529 Hamburg, Germany
Managing Director / Publishing direction: Harald Hof
Print: Books on Demand GmbH, In de Tarpen 42, 22848 Norderstedt, Germany

школа

ليكول

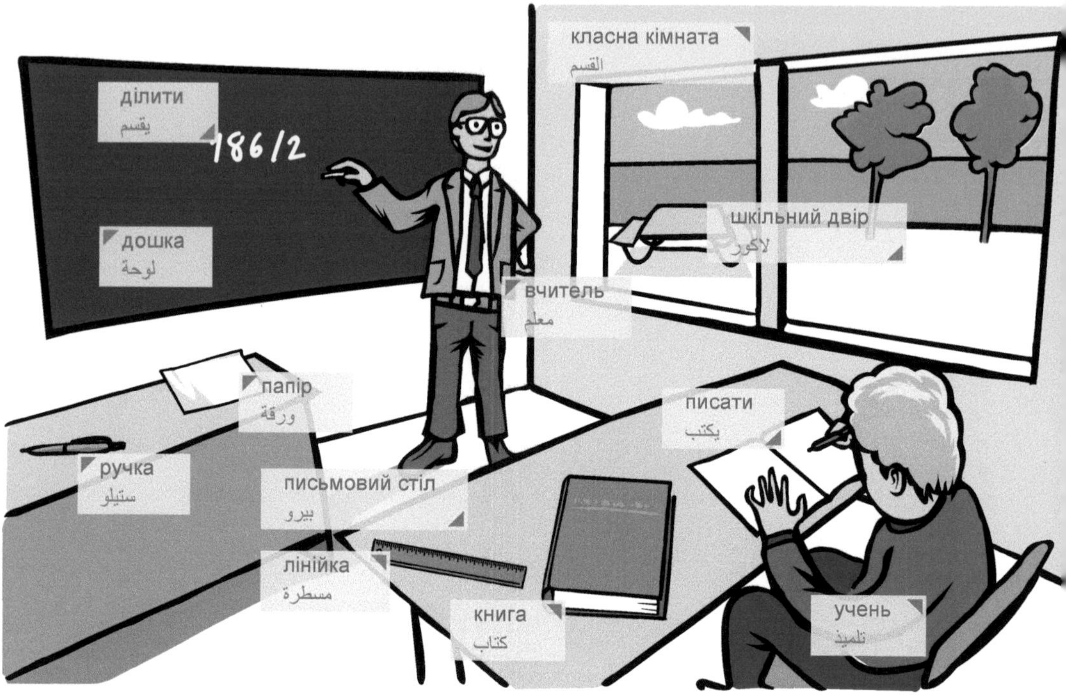
класна кімната
القسم
ділити
يقسم
186/2
дошка
لوحة
шкільний двір
لاكور
вчитель
معلم
папір
ورقة
писати
يكتب
ручка
ستيلو
письмовий стіл
بيرو
лінійка
مسطرة
книга
كتاب
учень
تلميذ

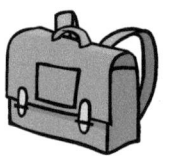

ранець

كرطاب

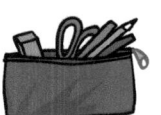

пенал

المقلمة

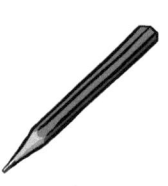

олівець

قلم الرصاص

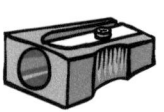

точило

منجارة

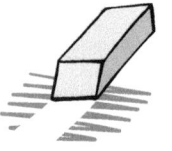

гумка

ممحا

альбом для малювання

الكايي تاع الرسم

малюнок

الرسم

пензель

البانسو

коробка фарб

باتير

ножиці

مقص

клей

كولا

зошит

كراس تاع التمارين

домашнє завдання

الواجبات

число

النيميرو

додавати

يجمع

віднімати

يطرح

множити

يضرب

рахувати

يحسب

літера

الحرف

абетка

الحروف

слово

كلمة

текст

النص

читати

يقرا

крейда

طباشير

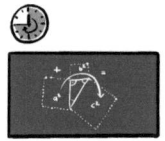

година

الدرس

класний журнал

دفتر المدرسي

екзамен

اماقزبيل

диплом

سرتفيكا

шкільна форма

اللبة تاع ليكول

освіта

التعليم

лексикон

ليكسيك

університет

الجاميعة

мікроскоп

المجهر

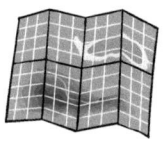

карта

الخريطة

кошик для паперу

بوبال

готель
اوتيل

Grand

турбаза
بيت الشباب

ROOMS

обмінний пункт
بيرة تاع الصرف

EXCHANGE

валіза
فالليزة

автомобіль
لولو

мова

اللغة ليقصدها

так / ні

واه / لا

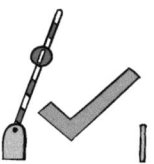

добре

صحا

привіт

مرحبا

перекладач

طرجمان

дякую

صحيت

Скільки коштує ...?

شعال السومة؟

Я не розумію

مفهمتش

проблема

مشكيلة

Добрий вечір!

مسلخير

Доброго ранку!

صباح لخير

На добраніч!

تصبح بخير

До побачення

بسلامة

напрямок

ديركسيو

багаж

الباقاج

сумка

ساك

рюкзак

ساكادو

гість

ضيف

кімната

شمبرا

спальний мішок

ساك تاع رقاد

намет

خيمة

туристична інформація

استعلامات سياحية

пляж

بحر

кредитна картка

كارطة ناع الكريدي

сніданок

فطور الصباح

обід

الفطور

вечеря

العشا

квиток

البيي

ліфт

اسونسير

поштова марка

تامبر

межа

الحدود

митниця

الديوانة

посольство

سقارة

віза

فيزا

паспорт

باسبور

транспорт

نقل

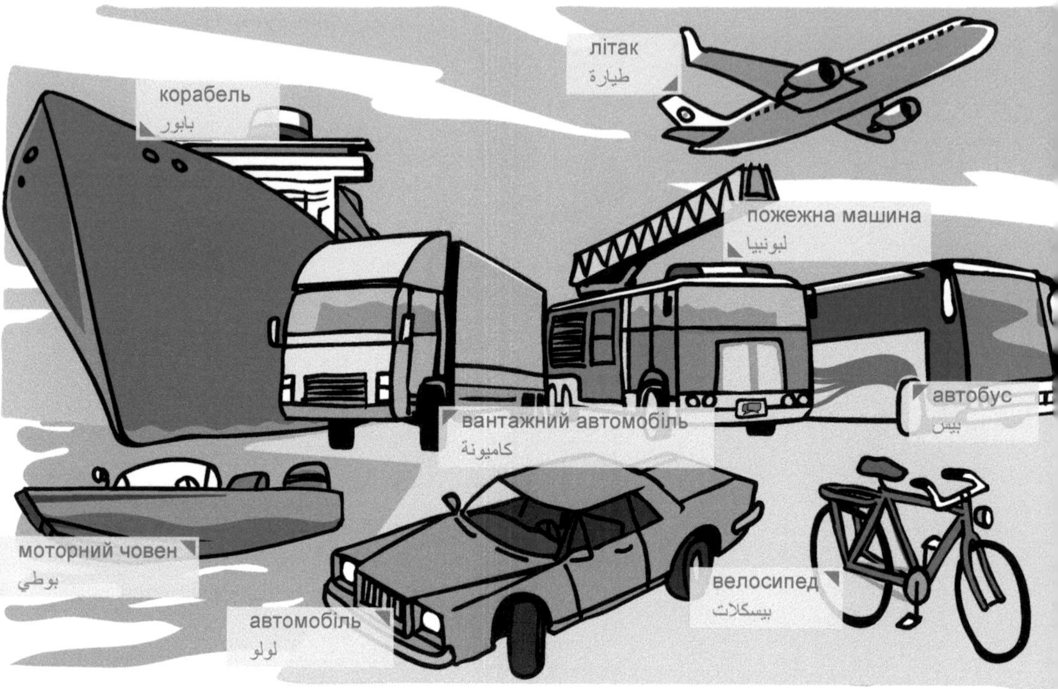

літак
طيارة
корабель
بابور
пожежна машина
لبونبيا
автобус
بيس
вантажний автомобіль
كاميونة
моторний човен
بوطي
велосипед
بيسكلات
автомобіль
لولو

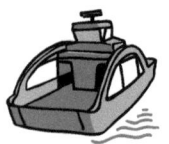

пором

بابو

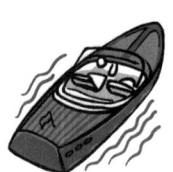

човен

بوطي

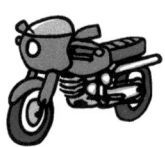

мотоцикл

موطو

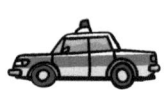

поліцейська машина

لوطو تاع لابوليس

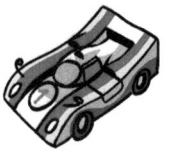

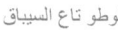

гоночний автомобіль

لوطو تاع السيباق

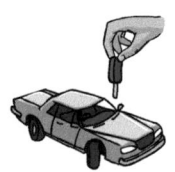

автомобіль на прокат

لوطو تاع كرية

пільне користування авто

لواطا تاع كرية

евакуатор

رومورك

сміттєвоз

كاميو تاع الزبل

двигун

موتور

паливо

ليسونس

автозаправна станція

ستاسيون

дорожній знак

بانو

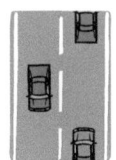

рух

ترافيك

затор

سركالة

стоянка

باركينغ

вокзал

لاقار

рейки

السبيكة

потяг

قطار

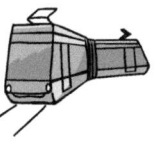

трамвай

ترام

вагон

فاغون

гелікоптер

اليكبتار

аеропорт

مطار

вежа

تور

пасажир

مسافر

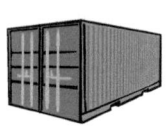

контейнер

كونتنار

коробка

كرطونة

візок

شاريو

кошик

سلة

стартувати / приземлятися

يقلع / يهود

місто

село

قرية

центр міста

البلاد

дім

دار

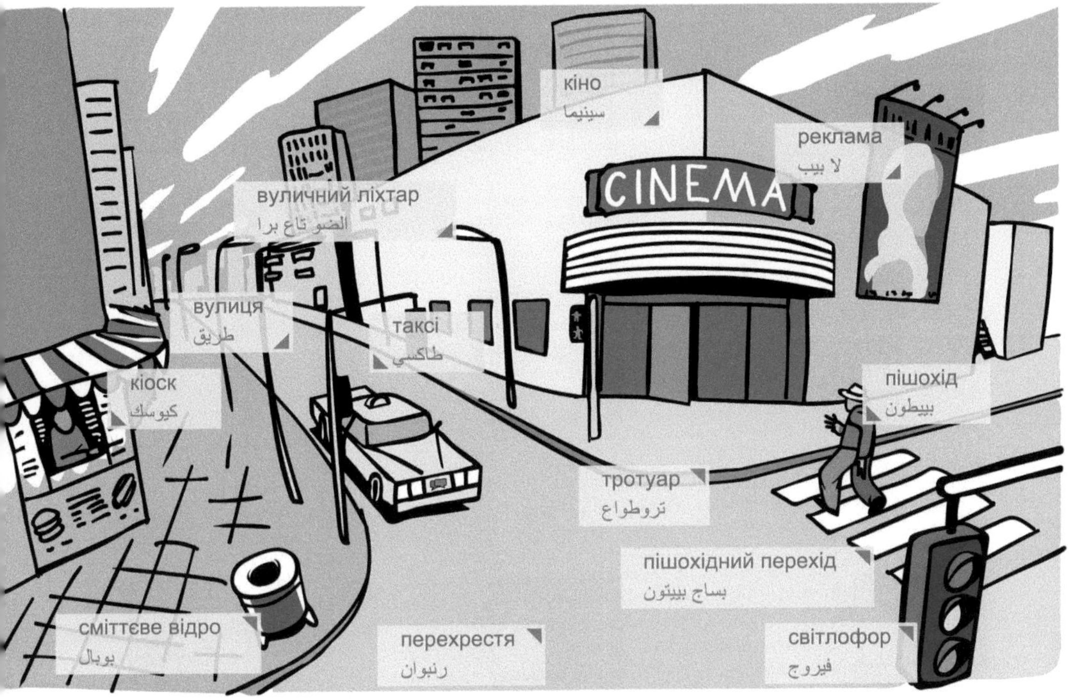
CINEMA
кіно
سينيما
реклама
لا بيب
вуличний ліхтар
الضو تاع برا
вулиця
طريق
таксі
طاكسي
кіоск
كيوسك
пішохід
بييطون
тротуар
تروطواع
пішохідний перехід
بساج بييتون
сміттєве відро
بوبال
перехрестя
رنبوان
світлофор
فيروج

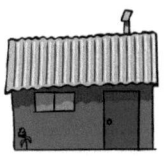

хатина

كوخ

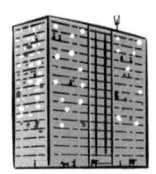

квартира

برطمان

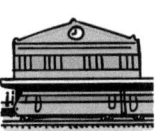

вокзал

لاقار

ратуша

لاميري

MUSEUM

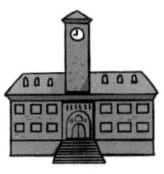

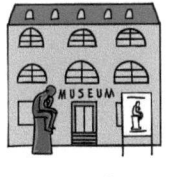

музей

متحف

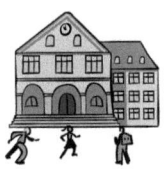

школа

ليكول

університет

الجامعة

банк

بانكة

лікарня

سبيطار

готель

اوتال

аптека

فارماسي

офіс

بيرو

книжковий магазин

مكتبة

магазин

حانوت

квітковий магазин

فلوريست

супермаркет

سوبرات

ринок

مرشي

універмаг

حانوت كبير

торговець рибою

مسمكة

торговельний центр

سونتر كومرسيال

гавань

المينا

парк

بارك

лава

بنك

міст

جسر

сходи

درج

метро

ميترو

тунель

تونال

автобусна зупинка

لاري تاع البيس

бар

بار

ресторан

مطعم

поштова скринька

صندوق البريد

вулична табличка

البانوات

лічильник паркування

مقياس زمن الوقوف

зоопарк

حديقة حيوانات

басейн

بيسين

мечеть

جامع

ферма

فيرما

забруднення
навколишнього
середовища

التلوث

кладовище

مقبرة

церква

كنيسة

дитячий майданчик

بارك

храм

معبد

ландшафт

الريف

листок
ورقة

вказівний стовп
تابو

шлях
طريق

луг
مرج

камінь
حجرة

дерево
شجرة

мандрівник
رحالة

річка
نهر

трава
حشيش

квітка
زهرة

долина

واد

гора

جبل

озеро

بحيرة

ліс

غابة

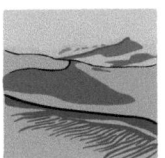

пустеля

صحرا

вулкан

بركان

замок

شاطو

веселка

قوس قزح

гриб

فطر

пальма

نخلة

комар

ناموسة

муха

ذبانة

мурашка

نملة

бджола

نحلة

павук

رتيلة

жук

خنفوس

жаба

جرانة

вивірка

سنجاب

їжак

قنفود

заєць

قنينة

сова

بومة

птах

زواش

лебідь

بجعة

кабан

حلوف

олень

غزالة

лось

إلكة

гребля

سد

вітряк

الطاحونة

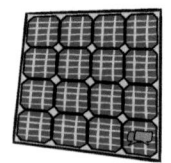

сонячний модуль

خلية شمسية

клімат

كليما

ресторан
مطعم

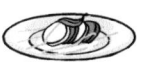

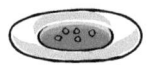

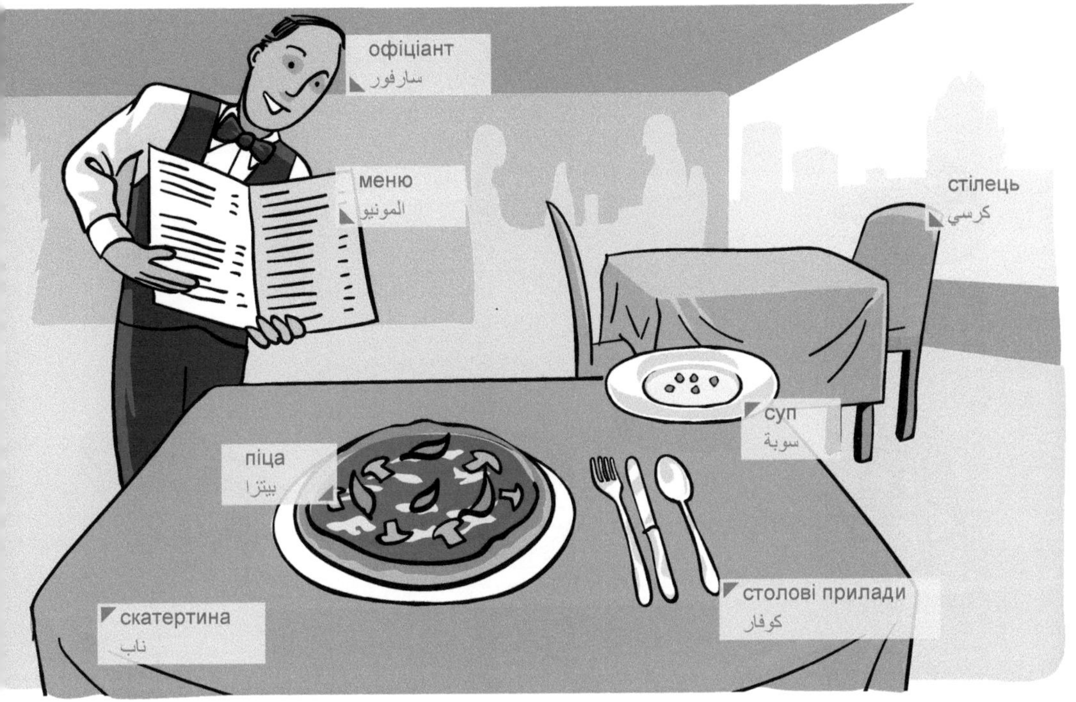
офіціант
سارفور
меню
المونيو
стілець
كرسي
суп
سوبة
піца
بيتزا
столові прилади
كوفار
скатертина
ناب

закуска

اوردوفر

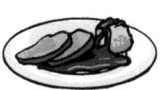

друга страва

الطبق الرئيسي

десерт

ديسار

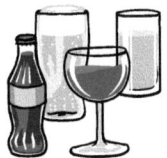

напої

مشروبات

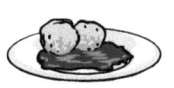

їжа

ماكلة

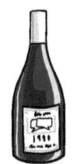

пляшка

القرعة

фаст-фуд

فاست فود

вулична їжа

ماكلة نديه معايا

чайник

براد اتاي

цукорниця

سكرية

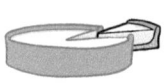

порція

طرف

еспресо-машина

ماشينة تاع اكسبريسو

високий стільчик

كرسي عالي

рахунок

فاتورة

піднос

سني

ніж

خدمي

вилка

فرشيطة

ложка

مغيرفة

чайна ложка

مغيرفة تاع لاتاي

серветка

سربيتة تاع الطابلة

склянка

كاس

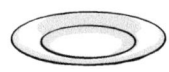

тарілка

طبسي

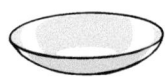

тарілка для супу

بول

блюдце

طبسي تاع الفنجال

соус

لاصوص

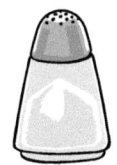

солонка

القوطي تاع الملح

млин для перцю

طحان تاع الحرور

оцет

خل

масло

زيت

спеції

ليزيبيس

кетчуп

كتشوب

гірчиця

موطارد

майонез

مايونيز

супермаркет

سوبرات

пропозиція
بروموسيو
FOR
клієнт
كلويون
молочні продукти
مشتقات الحليب
фрукти
فاكية
візок для покупок
شاريو

BUTCHERS

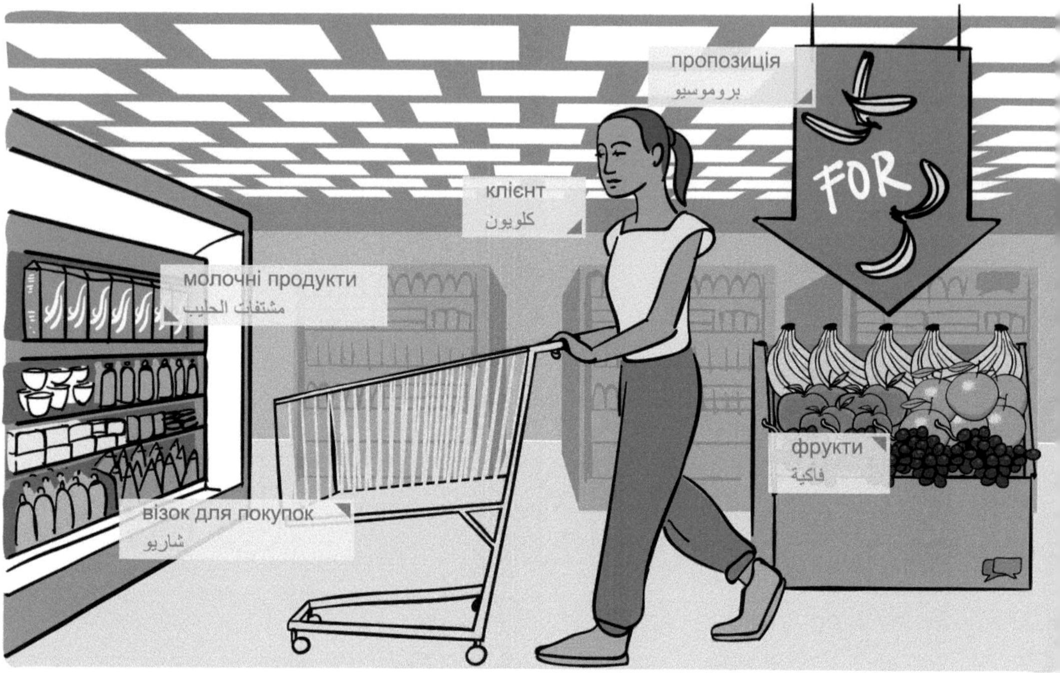

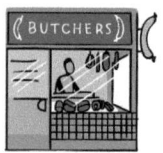

м'ясний магазин

بوشي

BAKERY

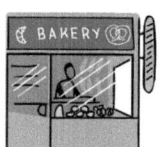

пекарня

بولونجي

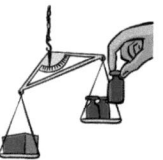

зважувати

يوزن

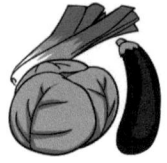

овочі

خضار

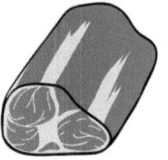

м'ясо

لحم

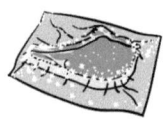

заморожені продукти

سيرجولي

ковбасна нарізка

كاشير

консерви

كونسارف

пральний порошок

الاومو تاع لغسيل

солодощі

الحلويات

предмети домашнього побуту

صوالح الدار

мийний засіб

ديتارجو

продавщиця

فوندوز / خدامة فالحانوت

каса

لاكاس

касир

كاسسي

список покупок

ليستا تاع الشري

часи роботи

سوابع الخدمة

гаманець

تزدلتم

кредитна картка

كارطة ناع الكريدي

сумка

سلاك

поліетиленовий пакет

بورصة

вода

الماء

сік

جو

молоко

حليب

кола

كوكا

вино

الشراب

пиво

البيرة

алкоголь

شراب

какао

كاكاو

чай

لاتاي

кава

قهوة

еспресо

اكسبريسو

капучіно

كابوتشينو

банан

بانانة

яблуко

تفاح

апельсин

تشينا

кавун

بطيخ

лимон

ليم

морква

كروطة / زرودية

часник

ثوم

бамбук

بانبو

цибуля

بصل

гриб

شانبينيو

горішки

بندق

локшина

ليبات

спагеті

سباغيتي

рис

روز

салат

سلاطة

картопля фрі

ليفريت

смажена картопля

ليفريت

піца

بيتزا

гамбургер

هانبورقر

бутерброд

سندويش

шніцель

اسكالوب

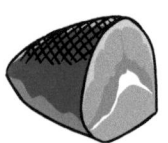

шинка

لحم الحلوف

салямі

سامي

ковбаса

مرقاز

курка

جاجة

печеня

لحم مشوي

риба

حوت

вівсяні пластівці

شوفان

мюслі

موسلي

кукурудзяні пластівці

كورن فلكس

борошно

فرينة

круасан

كرواسون

булочка

خبيزة

хліб

الخبز / كسرة

тостовий хліб

خبز محمر

печиво

بيسكوي

масло

زبدة

сир

لبن

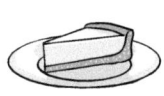

пиріг

قاطو

яйце

بيض

яєчня

بيض مقلي

сир

فرماج

морозиво

لاكرام

цукор

سكر

мед

عسل

мармелад

كونفتير

нуга-крем

نوقا

карі

الكاري

ферма

فيرما

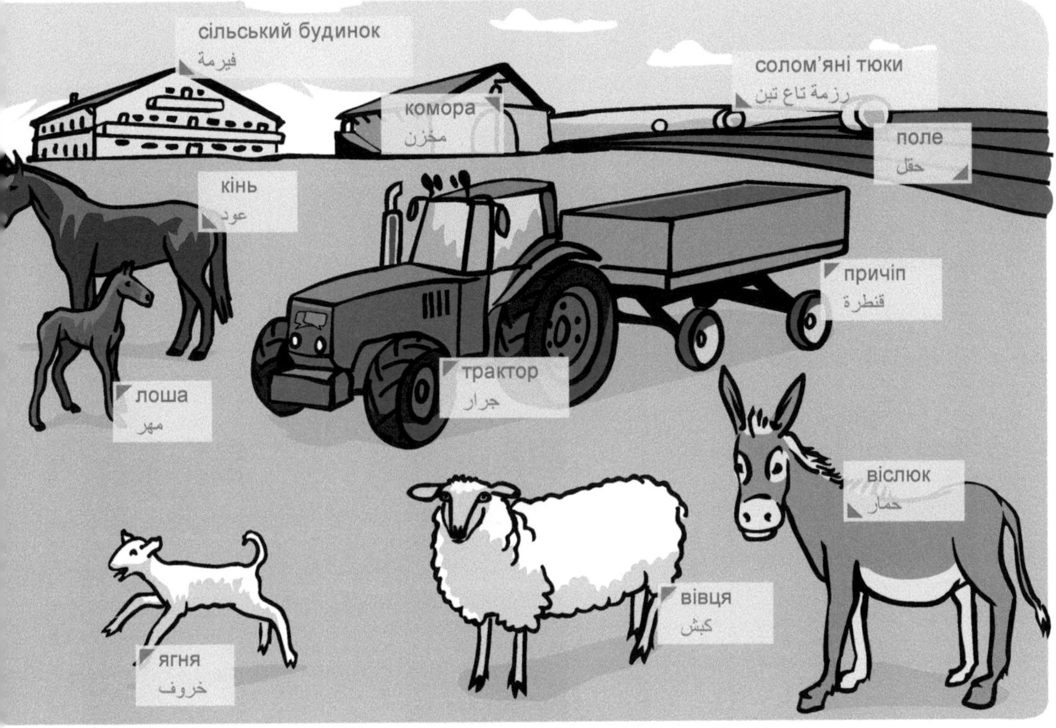

сільський будинок
فيرمة
комора
مخزن
солом'яні тюки
رزمة تاع تبن
поле
حقل
кінь
عود
причіп
قنطرة
трактор
جرار
лоша
مهر
віслюк
حمار
вівця
كبش
ягня
خروف

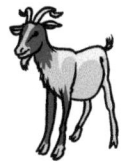

коза

معزة

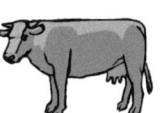

корова

بقرة

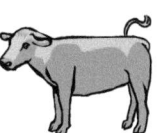

теля

عجل

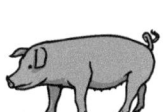

свиня

حلوف

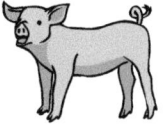

порося

حلوف صغير

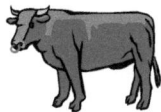

бик

طورو

гусак

وزة

качка

بطة

курча

فلوس

курка

جاجة

півень

سردوك

щур

طوبا

кіт

قطة

миша

فأر

віл

ثور

собака

كلب

собача будка

دار الكلب

садовий шланг

تبيو

лійка

إبريق

коса

منجل

плуг

محراث

серп

منجل

мотика

الفاس

вила

مذراة الزبل

сокира

شاقور

тачка

برويطة

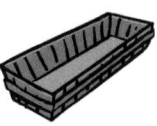

корито

معلف

бідон молока

قابة تاع حليب

мішок

ساشيا

паркан

سياج

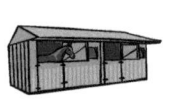

хлів

صطبل

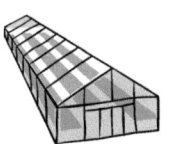

теплиця

بوطاجي

ґрунт

تراب

насіння

بذور

добриво

سماد

комбайн

حصادة

пожинати

يحصد

урожай

الغلة

корінь ямсу

بطاط

пшениця

قمح

соя

صويا

картопля

بطاطا

кукурудза

مابيس

ріпак

سلجم

плодове дерево

شجرة تاع فاكية

маніок

منيهوت

злаки

الخبوب

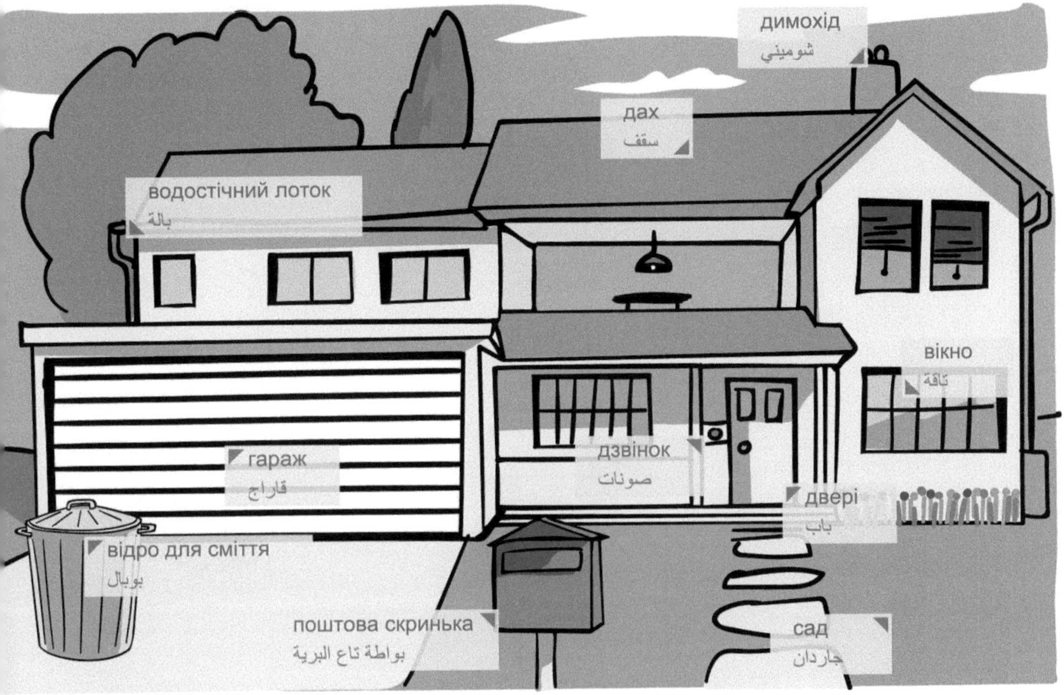

димохід
شوميني

дах
سقف

водостічний лоток
بالة

вікно
نافذة

гараж
قاراج

дзвінок
صونات

двері
باب

відро для сміття
بويال

поштова скринька
بواطة تاع البرية

сад
جاردان

вітальня

صالون

ванна кімната

الحمام

кухня

كوزينا

спальня

دار قاد تاع امبراشا

дитяча кімната

شمبرا تاع ذراري

їдальня

صالة مونجي

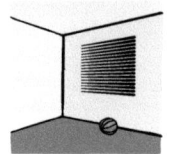

підлога

لرض

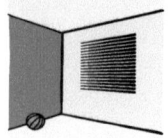

стіна

حيط

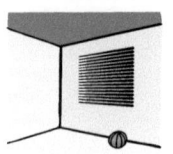

стеля

بلافو

підвал

كافا

сауна

سونا

балкон

بالكون

тераса

تيراسة

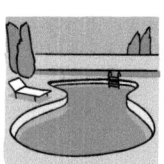

басейн

بيسين

косарка

جزارة تاع حشيش

простирало

سوواا

ковдра

كووات

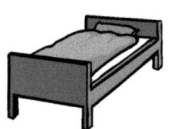

ліжко

ناموسية

мітла

مصلحة

відро

بيدو تاع صليح

перемикач

انتغبتور

вітальня

صالون

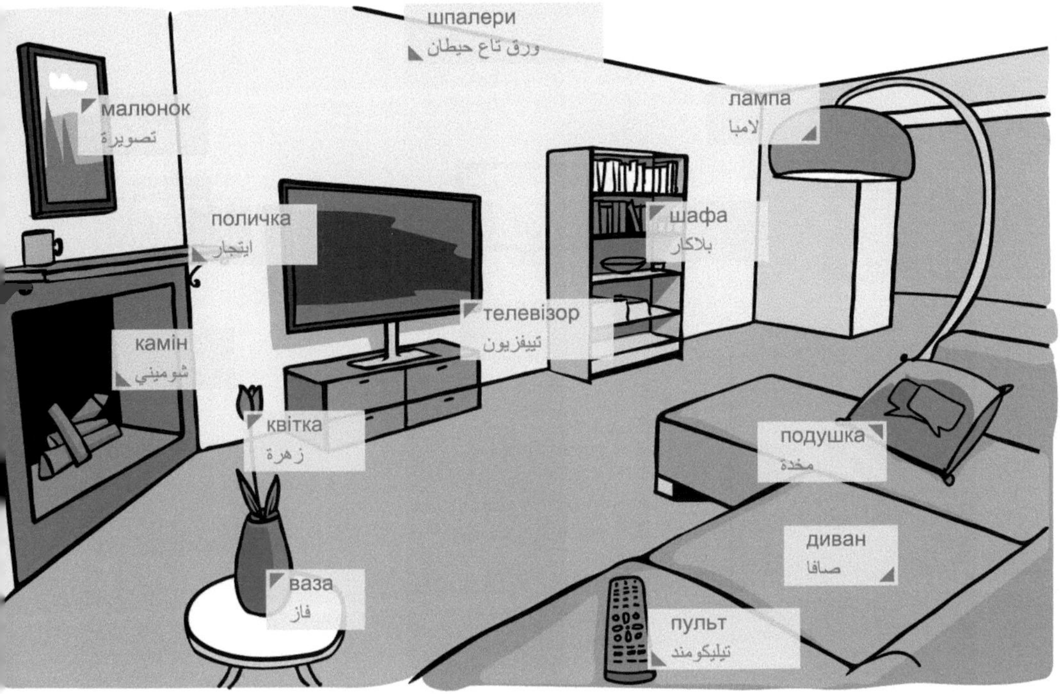
шпалери
ورق تاع حيطان
малюнок
تصويرة
лампа
لامبا
поличка
ايتجار
шафа
بلاكار
телевізор
تيلفزيون
камін
شوميني
квітка
زهرة
подушка
مخدة
диван
صافا
ваза
فاز
пульт
تيليكوماند

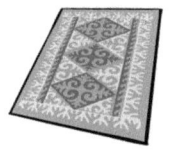

килим

طابي

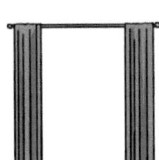

завіса

ريدو

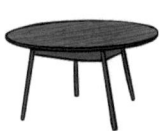

стіл

طابلة

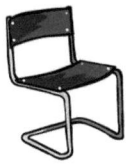

стілець

كرسي

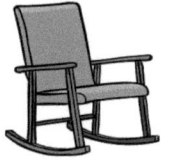

крісло-гойдалка

كرسي يبوجي

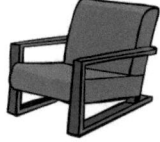

крісло

فوتاي

книга

كتاب

ковдра

طوفيرطة

прикраса

زواق

дрова

الحطب

фільм

فيلم

стереосистема

الستيريو

ключ

مفتاح

газета

جرنان

картина

كادر

плакат

بوستار

радіо

راديو

блокнот

كناش

пилосос

اسبيراتور

кактус

صبار

свічка

شمعة

кухня
كوزينا

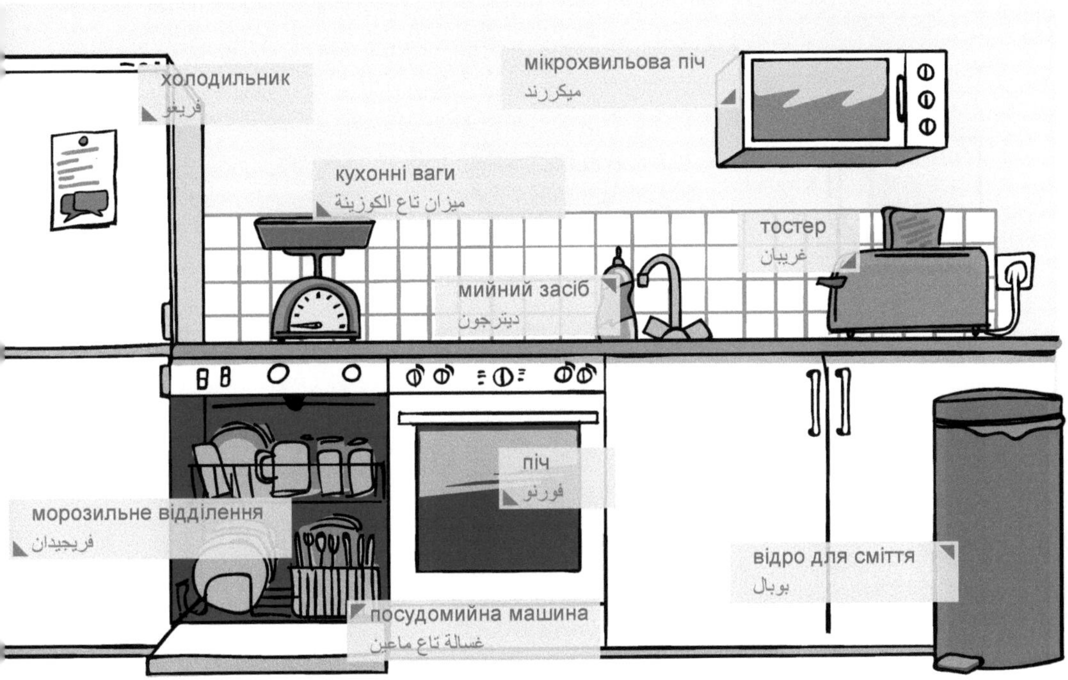
холодильник
فريغو
мікрохвильова піч
ميكررند
кухонні ваги
ميزان تاع الكوزينة
тостер
غريبان
мийний засіб
ديترجون
піч
فورنو
морозильне відділення
فريجيدان
відро для сміття
بوبال
посудомийна машина
غسالة تاع ماعن

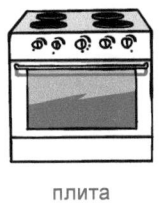

плита
....
الفور

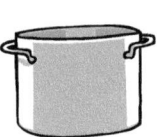

горщик
....
قدرة

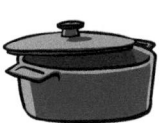

чавунний горщик
....
مرميطا

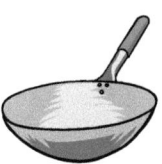

вок / кадай
....
طاوة غامقة

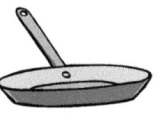

сковорода
....
مقلة

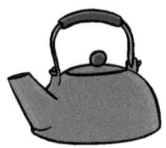

чайник
....
غلاية

пароварка

قدرة

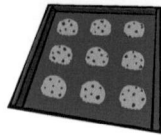

лист

سني

посуд

ماعين

кухоль

قوبلي

чаша

طبسي

палички для їжі

مطارق تاع الماكلة

черпак

لوشة

лопатка

سباتولة

вінчик для збивання

الضرابة

сито

كسكاس

сито

صفاية

терка

راب

ступка

مهراز

барбекю

شواية

багаття

موقد

дошка

بلونشا

качалка

رولو

штопор

الحلال

конзерва

قابسة

відкривачка

الحلال

прихватки

كتان

раковина

لافابو

щітка

بروسة

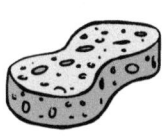

губка

بونجة

міксер

الخلاط

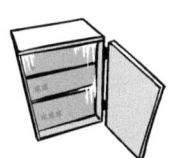

морозильна камера

فريغو

дитяча пляшка

بيبيرونة

кран

سبالة

ванна кімната

الحمام

опалення
شوفاج
рушник
سربيتة
душ
دوش
душова завіса
ريدو تاع لادوش
піниста ванна
حمام بالرغوة
ванна
بنوار
склянка
كاس
пральна машина
غسالة تاع حوايج
кран
سبالة
плитка
كرلاج
горшок
لبو
раковина
لافابو

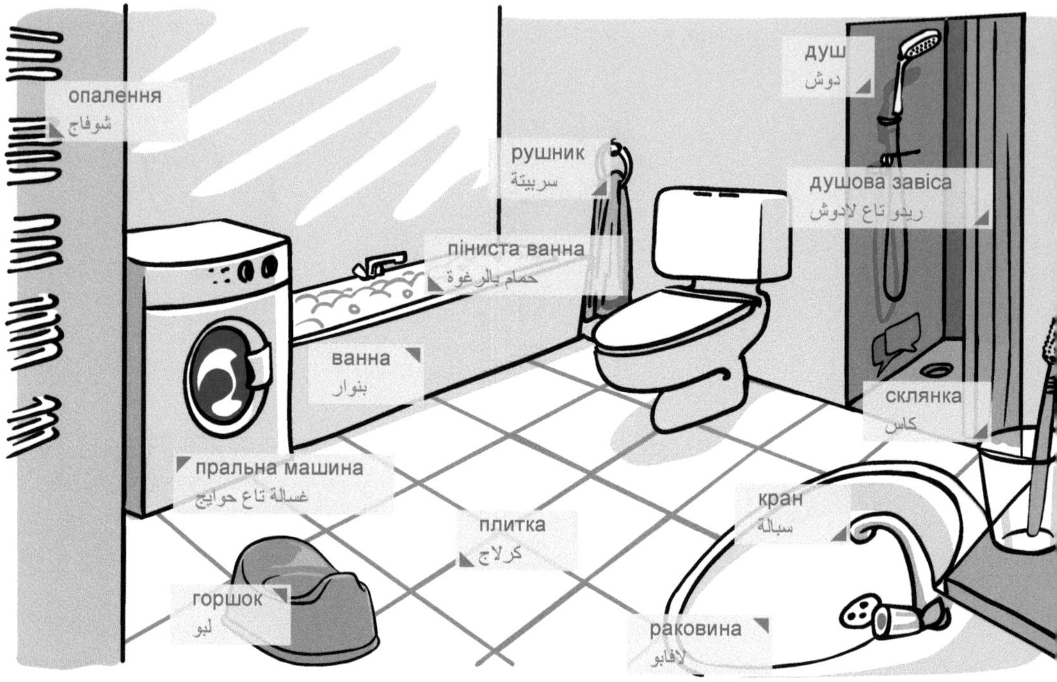

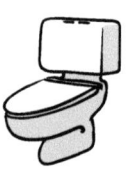

туалет

توالات

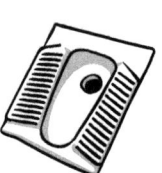

підлоговий туалет

توالات تركي

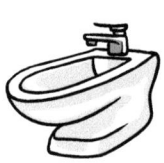

біде

غسال الرجلين

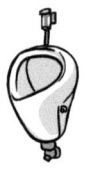

пісуар

مبولة

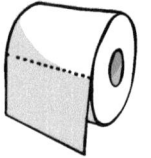

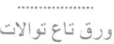

туалетний папір

ورق تاع توالات

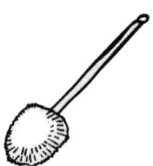

щітка для туалету

بروسة تاع توالات

зубна щітка

بروسدون

зубна паста

دونتفريس

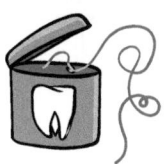

нитка для чищення зубів

خيط السنان

мити

يغسل

ручний душ

دوشات تاع دوش

інтимний душ

دوشات

таз

لافابو

щітка для спини

بروسا تاع الظهر

мило

صابون

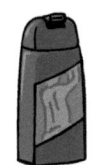

гель для душу

جال دوش

шампунь

شنبوان

мочалка

الحبل

водостік

قادوس

крем

بومادة

дезодорант

ديودورون

дзеркало

مراية

косметичне дзеркало

مراة صغيرة

бритва

رازوار

піна для гоління

لاموس

лосьйон після гоління

كولون

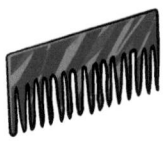

гребінь

مشطة

щітка

بروسة

фен

سشوار

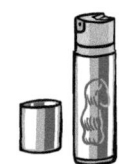

лак для волосся

مثبت الشعر

косметика

مكياج

губна помада

روجالافر

лак для нігтів

فرني

вата

قطن

ножиці для нігтів

كوبنغل

парфум

ريحة

косметичка

تروسة تاع حمام

табурет

طابوري

ваги

ميزان

халат

بينوار

гумові рукавички

ليغونات تاع النيتواياج

тампон

تمبون

гігієнічні прокладки

ليبوند

біотуалет

توالات

дитяча кімната

شمبرا تاع ذراري

будильник
ريفاي
м'яка іграшка
نونورس
іграшковий автомобіль
لوطو جوي
брязкальце
الخشخاش
ляльковий будиночок
دار تاع بوبيات
подарунок
كادو

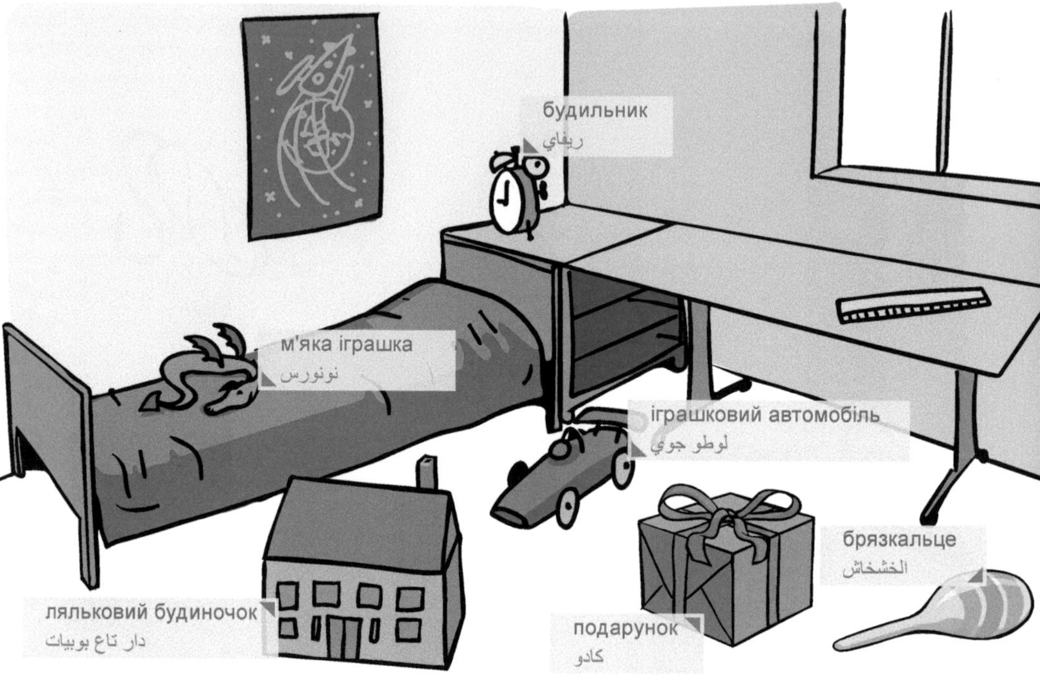

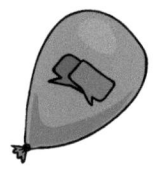

повітряна кулька

بالونة / نسافة

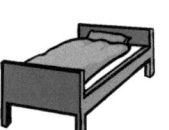

ліжко

ناموسية

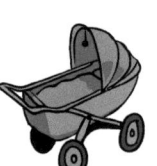

дитячий візок

بوسات

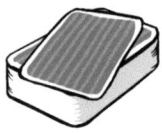

картярська гра

الكارطة

пазл

البوزيل

SUPER
MEGA

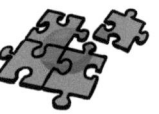

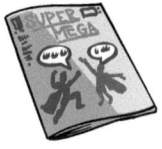

комікс

بوند ديسيني

лего цеглинки

اللیغو

блоки

حجر يبنوه

іграшкова фігурка

بوبية

повзунки

لبسة تاع البيبي

фризбі

فريزي

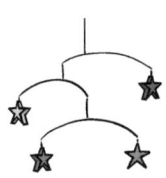

мобіле

اللهاية

настільна гра

لعبة الطابلة

кубик

الدي

модель залізнична станція

التران

соска

سوسات

вечірка

حفلة / الفيشطة

книжка з картинками

كتاب بتصاوير

м'яч

بالون

лялька

بوبية

грати

يلعب

пісочниця

بارك بالرملة

гойдалка

بنصوار

іграшка

جوري

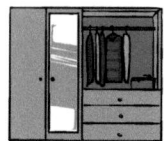

гральна консоль

منيطا

триколісний велосипед

بيسكلات

плюшевий мішка

دبدوب

шафа

ماريو

ОДЯГ

حوايج

шкарпетки

تقاشر

панчохи

ليبا

колготки

كولو

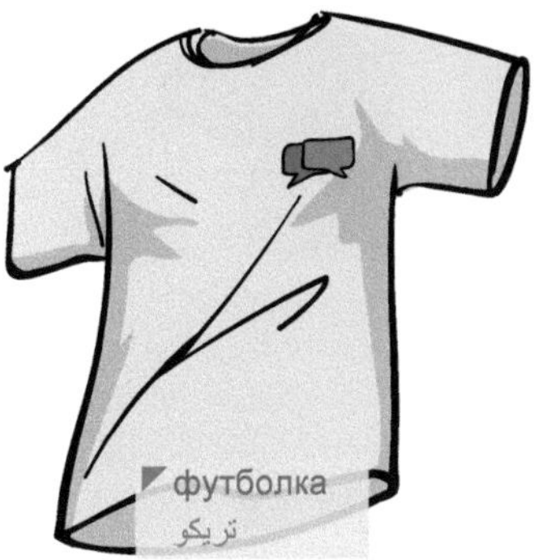

шарф
شال

ремінь
حزام

парасоля
بربلوي

футболка
تريكو

чоботи
بوط

кросівки
تينيسا / سبردينا

домашнє взуття
بنتوفلا

сандалі
....
صندالة

взуття
....
صباط

гумові чоботи
....
بوط بلاستيك

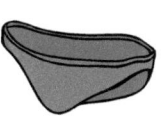

труси
....
كالسون

бюстгальтер
....
سوتيان

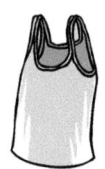

нижня сорочка
....
حويج تاع داخل

боді

لاسق على الجسم

штани

سروال

джинси

جين

спідниця

جيبا

блузка

طابلية

сорочка

قمجة

пуловер

تريكو

светр

قارديقون

піджак

بلازار

куртка

فيستا

пальто

بالطو

дощовик

بالطو

костюм

كوستيم

сукня

روبا

весільна сукня

روب بلونش

костюм

كوستيم

нічна сорочка

شوميز دوني

піжама

بيجاما

сарі

ساري

головна хустка

حجاب

чалма

عمامة

бурка

برقع

кафтан

قفطان

абая

عباية

купальник

مايو

плавки

سروال تاع عوم

шорти

شورت

тренувальний костюм

لبسة تاع سبور

фартух

طابلية

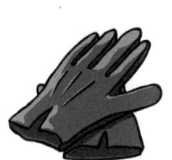

рукавички

ليقونات

гудзик

قفلة

окуляри

نواظر

браслет

براسلي

ланцюг

سنسلة

кільце

خاتم

сережка

منقوش

шапка

بوني

плічка

سانتر

капелюх

شابو

краватка

قرافاطة

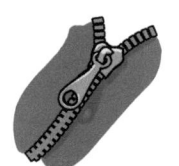

застібка-блискавка

غيمة

шолом

كاسك

підтяжки

بروتال

шкільна форма

اللبة تاع ليكول

уніформа

لينيفورم

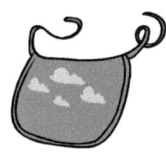

нагрудник

رياقة

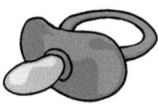

соска

سوسات

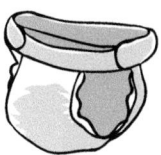

підгузок

ليكوش

офіс

بيرو

сервер
سارفر
шаф для документів
خزانة تاع الملفات
принтер
امبريمانت
папір
ورقة
монітор
ليكرون
миша
لاسوري
письмовий стіл
بيرو
папка
كلاسور
синтезатор
كلافيي
кошик для паперу
بوبال
стілець
كرسي
комп'ютер
اوردیناتور

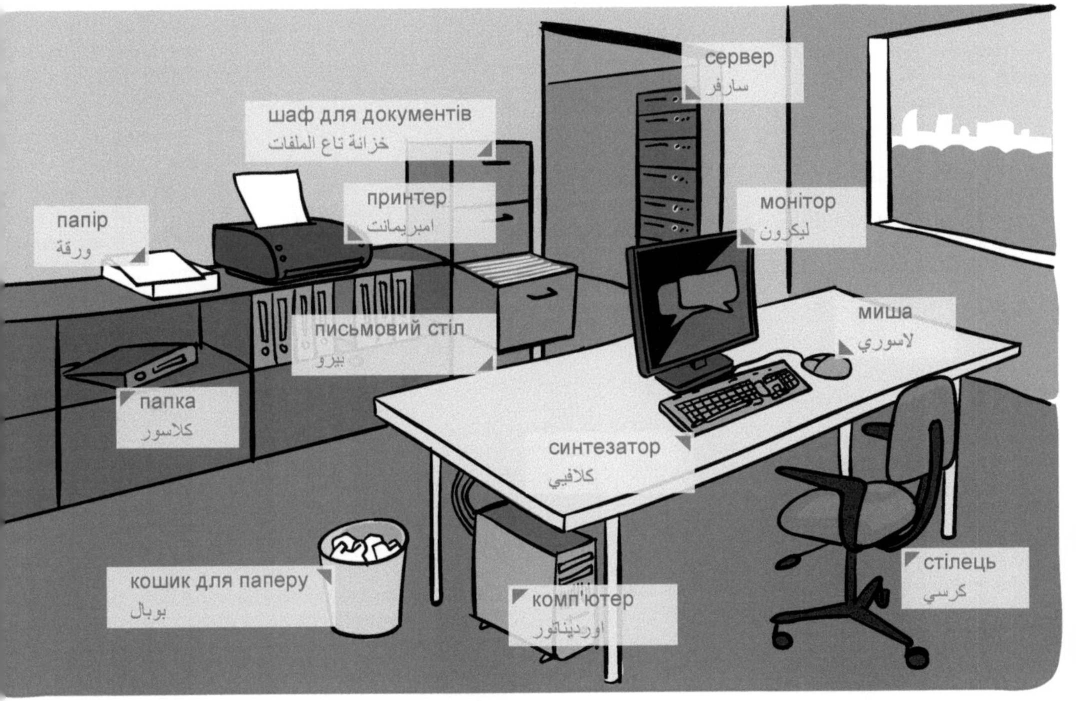

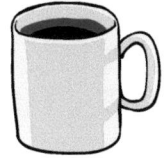

кавовий кухоль

كاس قهوة

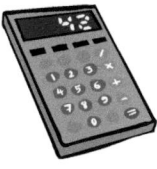

калькулятор

كاكولاتريس

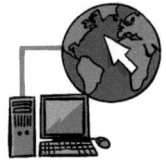

інтернет

لانترنت

ноутбук

اوردیناتور

лист

برية

повідомлення

ميساج

мобільний телефон

بورطابل

мережа

ريزو

копіювальний пристрій

فوطوكوبي

програмне забезпечення

لوجسبال

телефон

تيلفون

розетка

بريزة

факс

فاكس

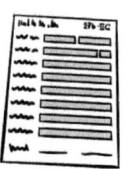

бланк

استمارة

документ

وثيقة

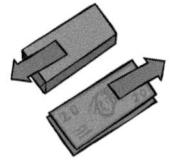

купувати

يشري

платити

يخلص

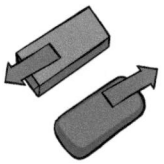

торгувати

يتاجر

гроші

دراهم

долар

دولار

євро

اورو

ієна

ين

рубль

روبل

франк

فرنك سويسري

юанів женьміньбі

يوان

рупія

روبية

банкомат

ديستربيبتور

обмінний пункт

بيرة تاع الصرف

золото

ذهب

срібло

فضة

нафта

نفط

енергія

طاقة

ціна

السومة

контракт

عقد

податок

طاكس

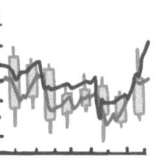

акція

سهم

працювати

يخدم

працівник

خدام

роботодавець

مول الشي

фабрика

وزين

магазин

حانوت

професії
الخدمة

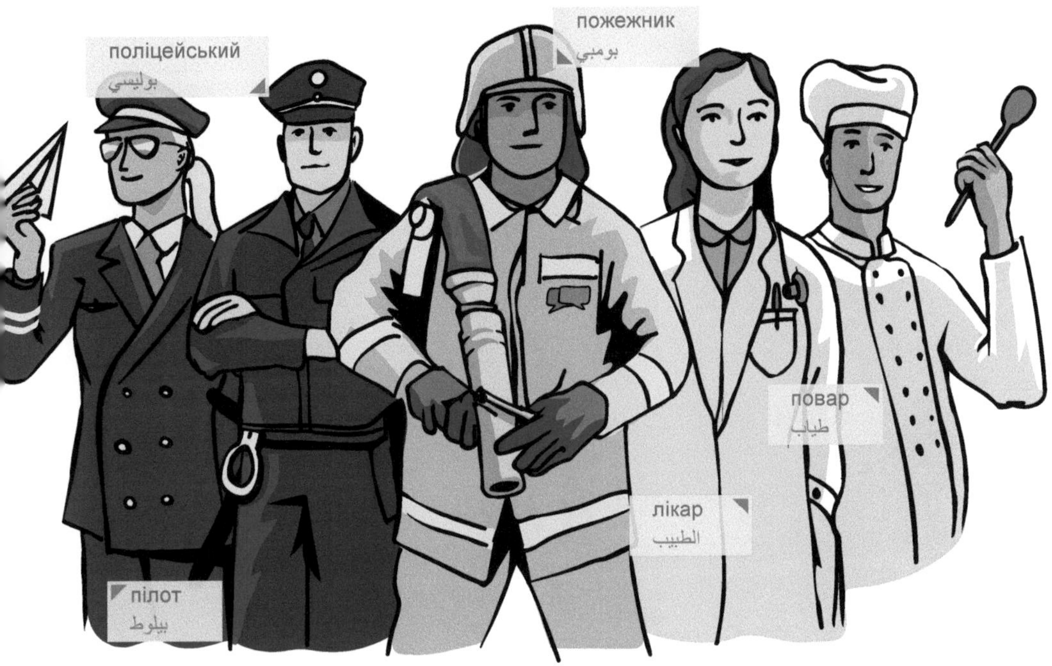
поліцейський
بوليسي
пожежник
بومبي
повар
طياب
лікар
الطبيب
пілот
بيلوط

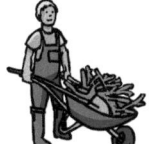

садівник
جرديني

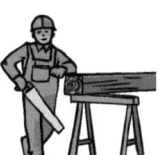

столяр
نجار

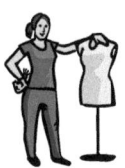

швачка
خياط

суддя
قاضي

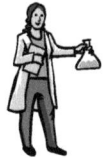

хімік
شيميك

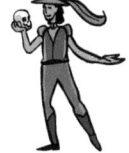

актор
ممثل

водій автобуса

شوفير

таксист

طاكسيور

рибалка

صياد

прибиральниця

خدامة

покрівельник

ماصو تاع الصقف

офіціант

سارفور

мисливець

صياد

художник

بنتار

пекар

خباز

електрик

الكتريسيان

будівельник

ماصون

інженер

مهندس

забійник

بوشي

бляхар

بلومبي

листоноша

فاكتور

солдат

جندي

архітектор

ارشيتكت

касир

كاسسي

флорист

بياع اورد

перукар

كوافير

кондуктор

الكنترول

механік

ميكانيسيان

капітан

كابيتان

дантист

طبيب سنان

вчений

عالم

рабин

حاخام

імам

امام

монах

موان

пастор

موان

інструменти

ليزوتي

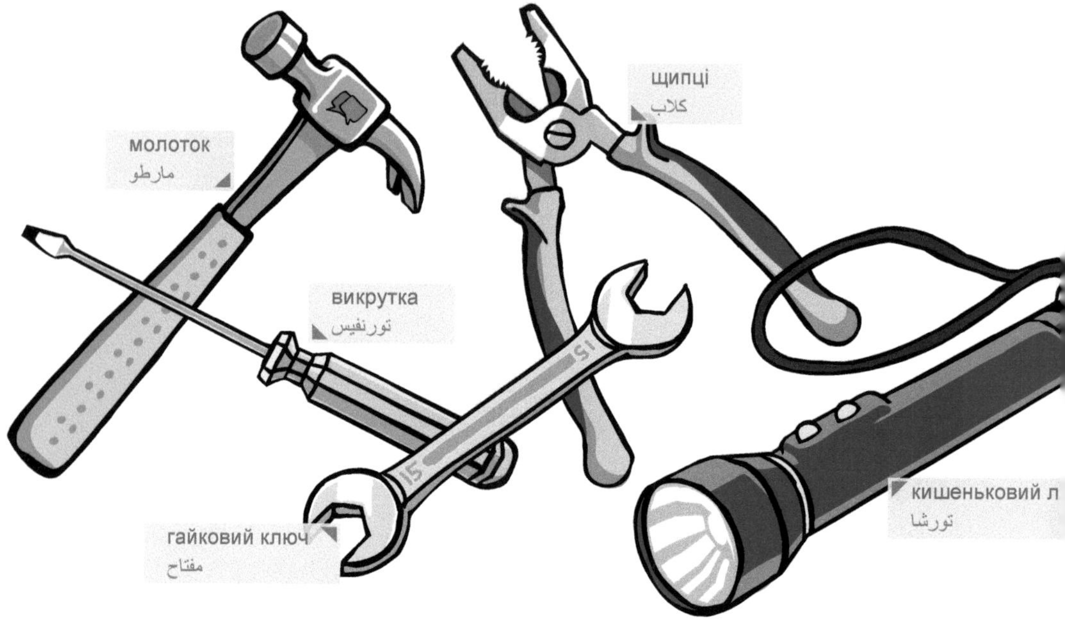
молоток
مارطو
щипці
كلاب
викрутка
تورنفيس
гайковий ключ
مفتاح
кишеньковий л
تورشا

екскаватор
....
جرافة

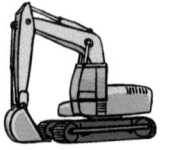

ящик для інструментів
....
قايصة نتاع ليزوتي

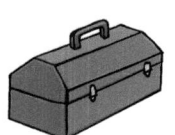

драбина
....
سلوم

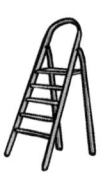

пилка
....
منشار

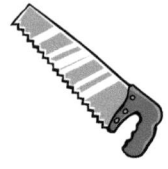

цвяхи
....
مسامير

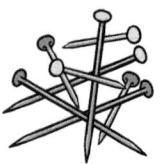

свердло
....
برسوز

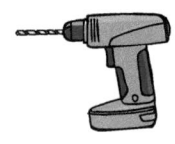

ремонтувати

يصنع

лопата

البالة

лайно!

ياويلي

совок

بالا

відро з фарбою

بو تاع بنتورة

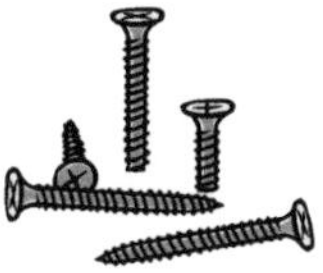

гвинти

ليفيس

музичні інструменти

آلات موسيقية

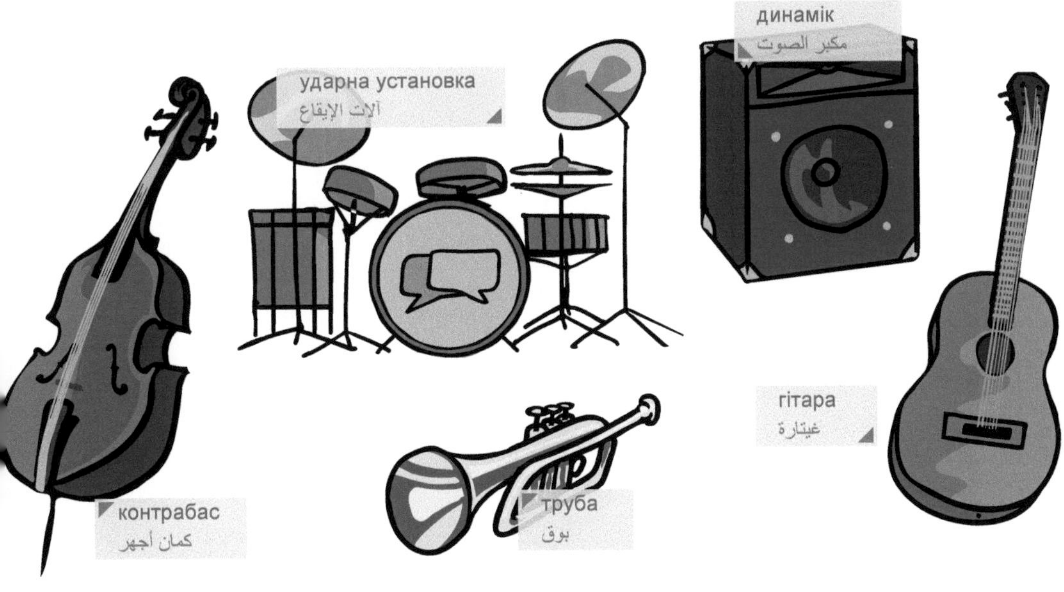

динамік
مكبر الصوت

ударна установка
آلات الإيقاع

контрабас
كمان أجهر

труба
بوق

гітара
غيتارة

фортепіано

بيانو

скрипка

كمنجة

бас

جهير

литаври

طبل كبير

барабан

طبل

клавіатура

بيانو كهربائي

саксофон

ساكسوفون

флейта

ناي

мікрофон

ميكروفون

зоопарк
حديقة حيوانات

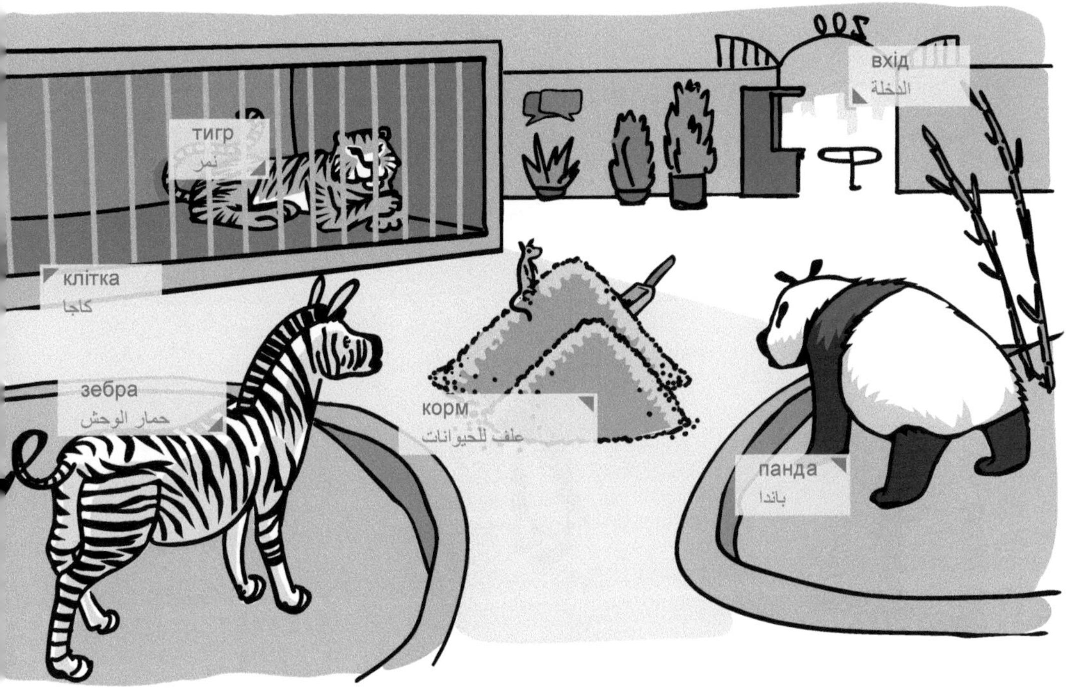

тигр
نمر
вхід
الدخلة
клітка
كاجا
зебра
حمار الوحش
корм
علف للحيوانات
панда
باندا

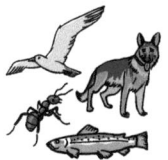

тварини
حيوانات

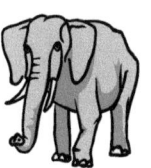

слон
فيل

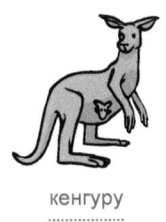

кенгуру
كنغر

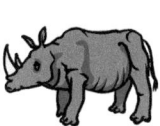

носоріг
وحيد القرن

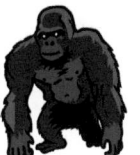

горила
غوريلا

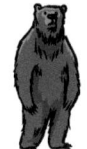

ведмідь
دب

верблюд

جمل

страус

نعامة

лев

سبع

мавпа

نشيطا

фламінго

فلامونغوز

папуга

بيروكي

білий ведмідь

دب قطبي

пінгвін

بطريق

акула

سمك القرش

павич

طاووس

змія

لفعة

крокодил

تمساح

працівник зоопарку

عساس في حديقة الحيوان

тюлень

عجل البحر

ягуар

نمر أمريكي مرقط

поні

فرس قزم

леопард

نمر

гіпопотам

فرس النهر

жираф

زرافة

орел

نسر

кабан

حلوف

риба

حوت

черепаха

فكرون

морж

حيوان فظ البحري

лисиця

ثعلب

газель

غزال

американський футбол
بالون اميريكا

їзда на велосипеді
الركبة تاع البيسكلت

теніс
تينيس

баскетбол
باسكات

плавання
العوم

бокс
بوكس

хокей
هوكي

футбол

بالون

бадмінтон

الريشة الطائرة

легка атлетика

اتلاتيزم

гандбол

الهوند

лижні перегони

سكي

поло

بولو

дії
نشطات

стрибати
ينقز
обіймати
يعنق
сміятися
يضحك
йти
يمشي
співати
يغني
мріяти
ينوم
молитися
يصلي
цілувати
يبوس

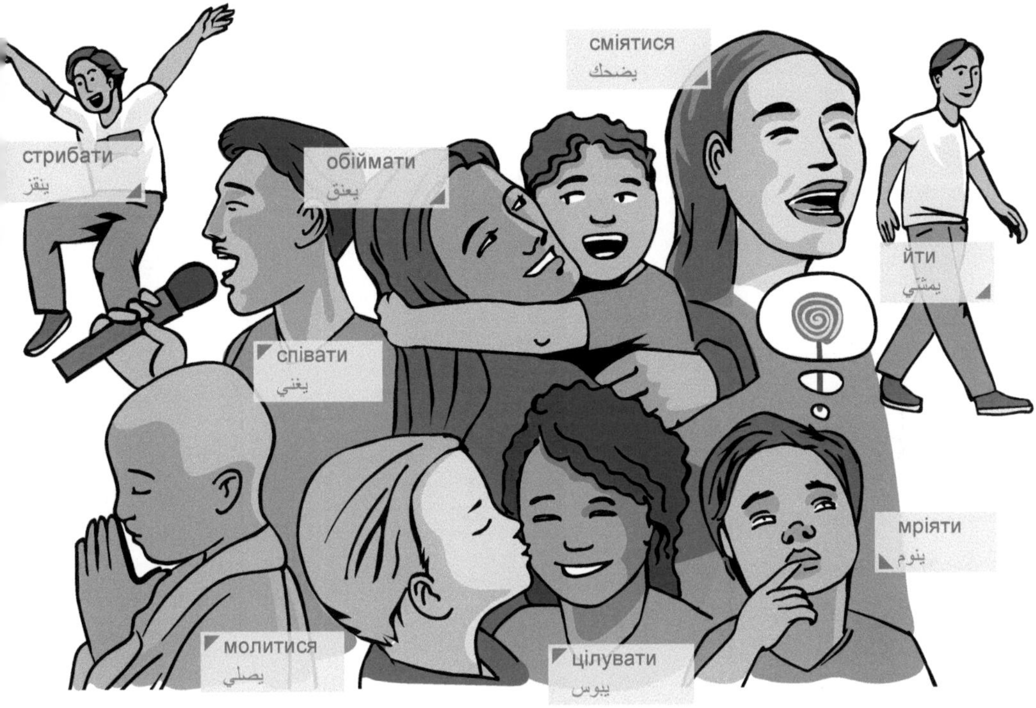

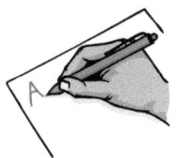

писати
يكتب

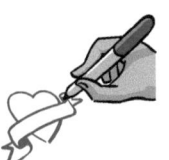

малювати
يرسم

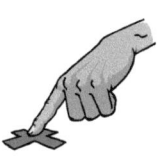

показувати
يوري

тиснути
يدمر

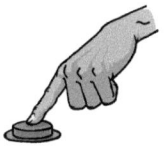

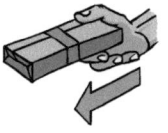

давати
يعطي

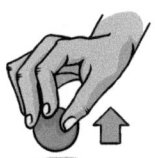

брати
يدي

мати

يملك

робити

يخدم

бути

كاين

стояти

يوقف

бігати

يجري

тягнути

يجبد

кидати

يقيّس / يرمي

падати

يطيح

лежати

يتكسل

очікувати

يشوف

носити

يرفد

сидіти

يقْعد

одягати

يلبس

спати

يرقَد

просипатися

ينوظ

дивитися

يشوف في

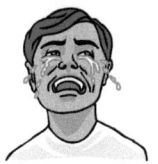

плакати

يبكي

гладити

يحكك

розчісувати

يمشّط

розмовляти

يهدر

розуміти

يفهم

питати

يسقسي

слухати

يسمع

пити

يشرب

їсти

ياكل

прибирати

يخمل

любити

يبغي

варити

يطيب

їхати

يصوق

літати

يطير

йти під вітрилом

يبحر بالفلوكة

рахувати

يحسب

читати

يقرأ

вчитися

يتعلم

працювати

يخدم

одружуватися

يتزوج

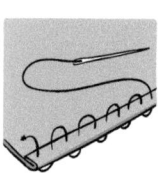

шити

يخيط

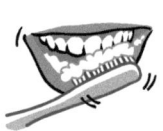

чистити зуби

يغسل سنانو

убивати

يكتل

курити

يكمي

посилати

يرسل

сім'я

لعايلة

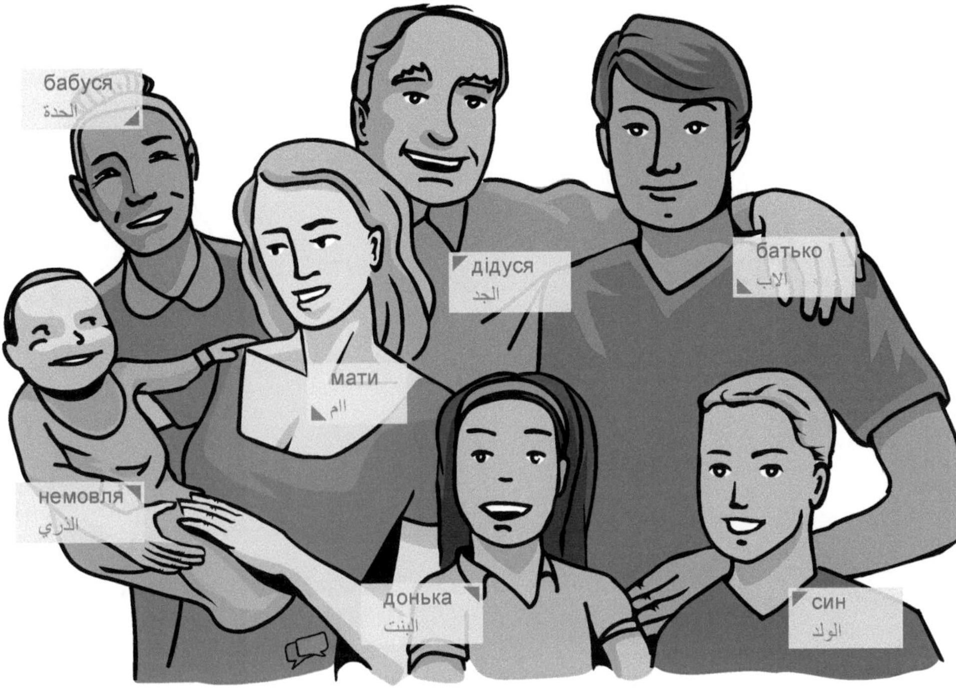
бабуся
الحدة
дідуся
الجد
батько
الاب
мати
الم
немовля
الذري
донька
البنت
син
الولد

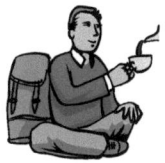

гість

ضيف

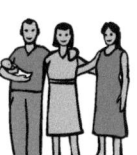

тітка

العمة / الخالة

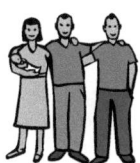

дядько

العم / الخال

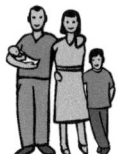

брат

الخو

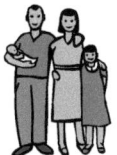

сестра

الخت

тіло

الجسم

чоло
الجبهة
око
العين
плече
الكتف
палець
صبع
обличчя
الوجه
підборіддя
اللحية
кисть
اليد
груди
الصدر
нога
الساق
рука
الذراع

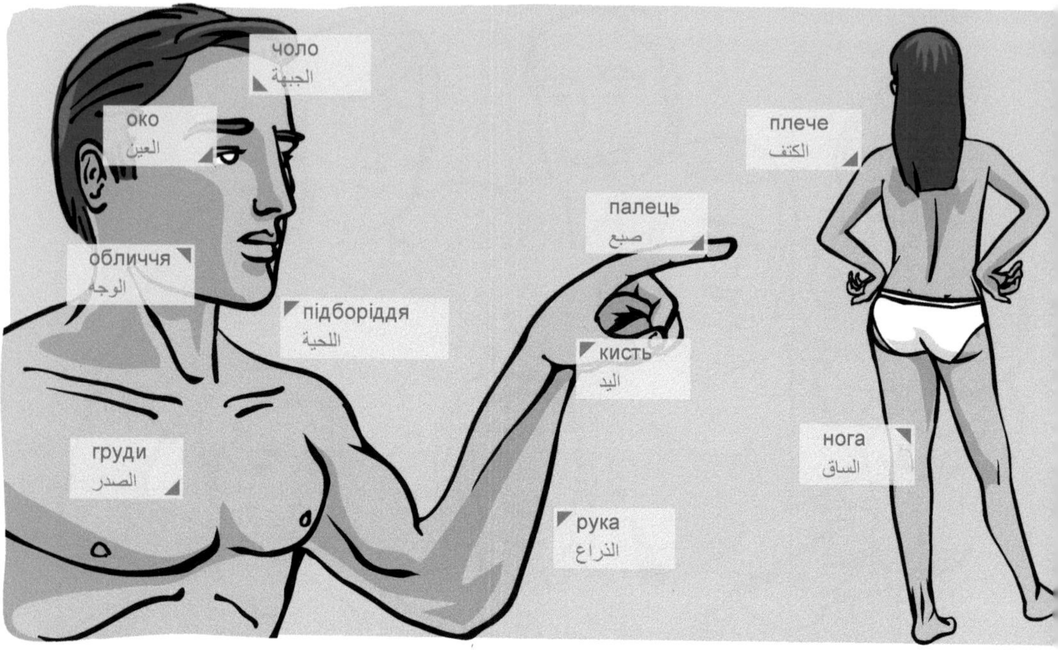

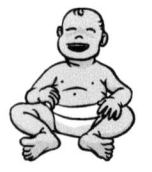

немовля

الذري

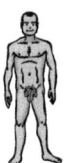

чоловік

الراجل

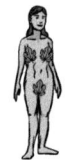

жінка

المرا

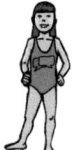

дівчина

الشيرة، الطفلة

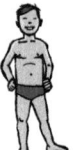

хлопчик

الشير

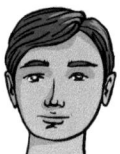

голова

الراس

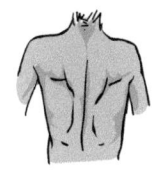

спина

ظهر

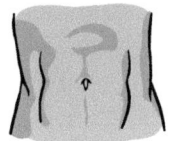

живіт

الكرش

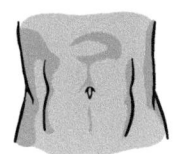

пуп

السرة

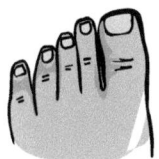

палець ноги

صبع

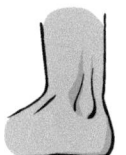

п'ята

طالون

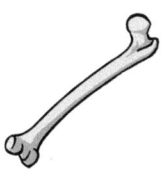

кістка

العظم

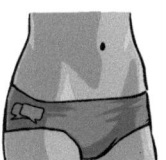

стегно

المرادف

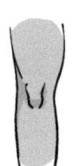

коліно

الركبة

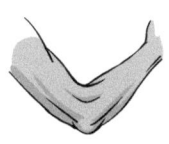

лікоть

لمرفغ

ніс

نيف

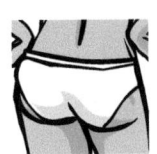

сідниці

مصاصيط

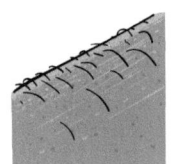

шкіра

البشرة

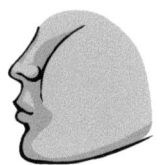

щока

الحنوك

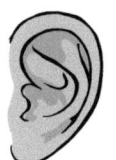

вухо

لوذن

губа

شورب

рот

الفم

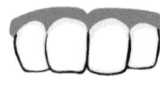

зуб

السنة

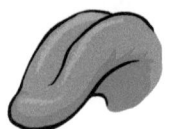

язик

اللسان

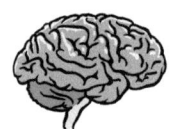

мозок

الدماغ

серце

القلب

м'яз

العضلة

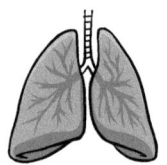

легені

الرية

печінка

الكبدة

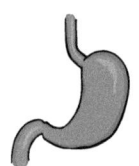

шлунок

لسطوما

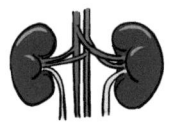

нирки

كلوى

статевий акт

رابور

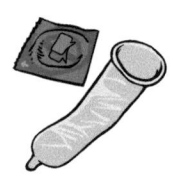

презерватив

بريزارفتيف

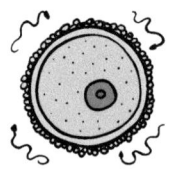

яйцеклітина

البويضة

сперма

سبرم

вагітність

بلكرش

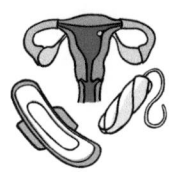

менструація
....
لبراغل

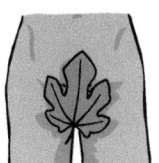

вагіна
....
المهبل

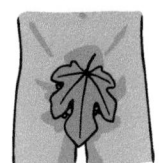

пеніс
....
المذاكر

брова
....
الحاجب

волосся
....
الشعر

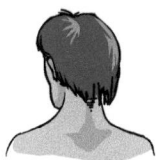

шия
....
رقبة

лікарня
سبيطار

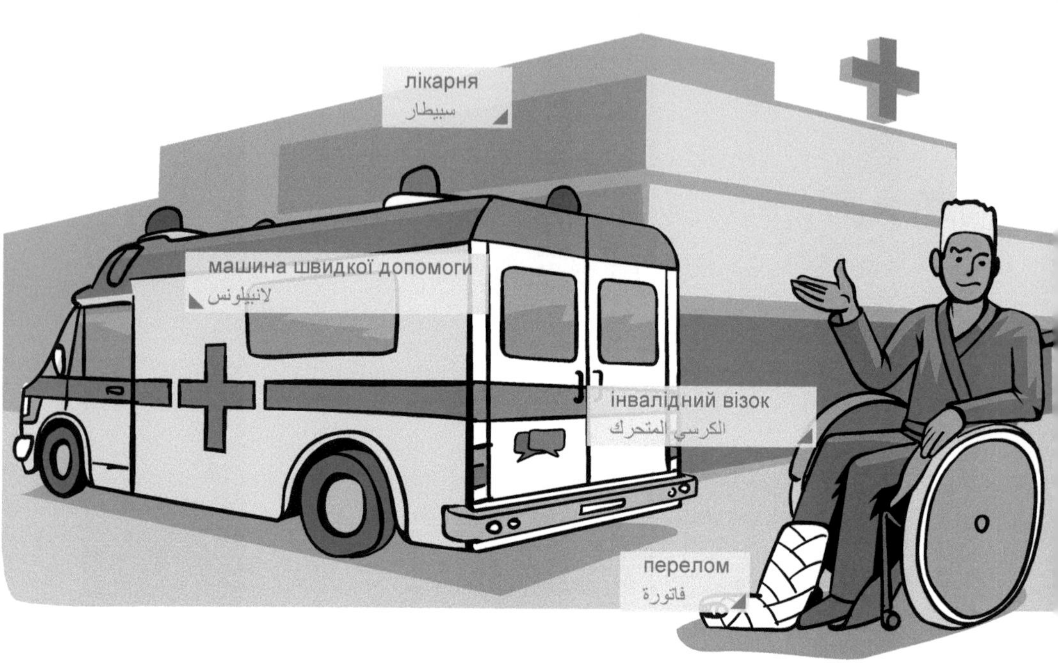

лікарня
سبيطار
машина швидкої допомоги
لانبيلونس
інвалідний візок
الكرسي المتحرك
перелом
فاتورة

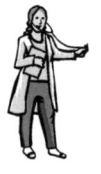

лікар

الطبيب

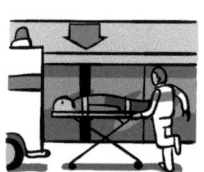

відділення швидкої медичної допомоги

ليزيرجونس

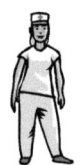

медсестра

الممرضة

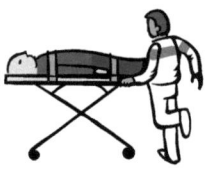

аварійний випадок

ليرجونس

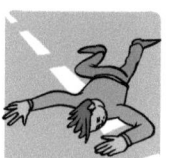

непритомний

تغاشى

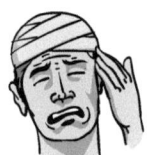

біль

الوجع

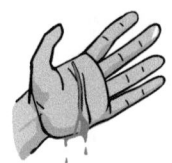

травма

الجرح

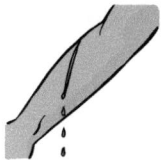

кровотеча

يسل الدم

інфаркт

القلب

інсульт

لافيسي

алергія

لالرجي

кашель

الكحة

лихоманка

الحمة

грип

لاقريب

пронос

الاسهال

головна біль

ميغران

рак

السرطان

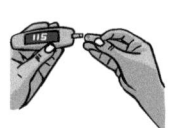

діабет

السكر

хірург

الجراح

скальпель

مبضع

операція

عملية تاع القلب

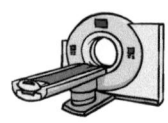

КТ

لاسيتي

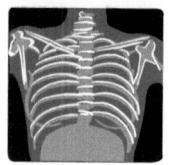

рентген

الراديو

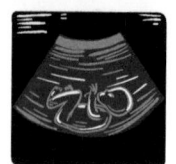

ультразвук

لولتخازون

маска

لماسك

хвороба

المرض

зал очікування

وين يقارعو

милиця

العكاز

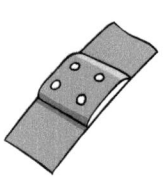

пластир

سكوتش

пов'язка

لبانسما

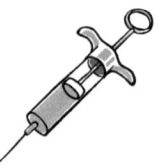

ін'єкція

لبرة

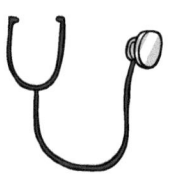

стетоскоп

السماعة تاع الطبيب

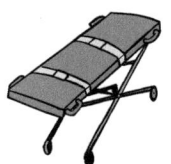

ноші

نقالة

термометр

لوزنو بيه الحمة

народження

زيادة

надмірна вага

السمونية

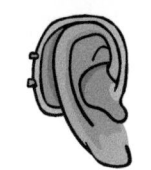

слуховий апарат

جهاز السمع

дезінфікуючий засіб

المعقم

інфекція

لنفكسون

вірус

الفيروس

ВІЛ / СНІД

السيدا

медицина

الدوا

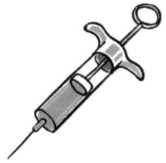

вакцинація

الفاكسان

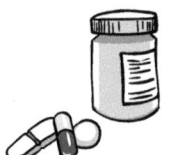

таблетки

الدوا حب

протизаплідна пігулка

بيلولة

екстрений виклик

يعيط للنجدة

тонометр

الجهاز ليقيسو بيه الدم

хворий / здоровий

مريض / صحيح

Допоможіть!

سلكوني

сигнал тривоги

لالارم

напад

يتعدا

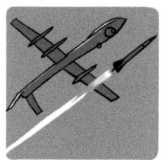

атака

يهجم

небезпека

دونجي

аварійний вихід

مخرج الطوارئ

Вогонь!

النار شاعلة

вогнегасник

لكستانتور

аварія

اكسيدون

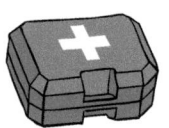

аптечка

فيزة تاع الاسعاف الاولي

СОС

سلكونا

поліція

لابوليس

Європа

أوروبا

Північна Америка

أمريكا الشمالية

Південна Америка

أمريكا الجنوبية

Африка

أفريقيا

Азія

آسيا

Австралія

أستراليا

Атлантика

المحيط الأطلسي

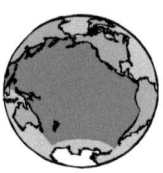

Тихий океан

المحيط الهادي

Індійський океан

المحيط الهندي

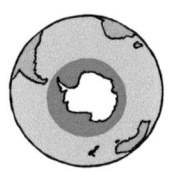

Антарктичний океан

المحيط المتجمد الجنوبي

Північний Льодовитий океан

المحيط المتجمد الشمالي

Північний полюс

القطب الشمالي

Південний полюс

القطب الجنوبي

Антарктика

منطقة القطب الجنوبي

Земля

أرض

суша

بلاد

море

بحر

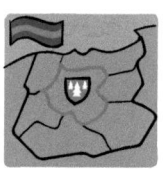

острів

جزيرة

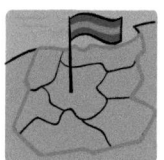

нація

امة

держава

دولة

циферблат

ميناء الساعة

годинникова стрілка

عقرب الساعات

хвилинна стрілка

عقرب الدقائق

секундна стрілка

عقرب الثواني

Котра година?

شعال راها الساعة؟

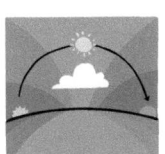

день

يوم

час

زمن

зараз

دروك

цифровий годинник

ساعة رقمية

хвилина

دقيقة

година

ساعة

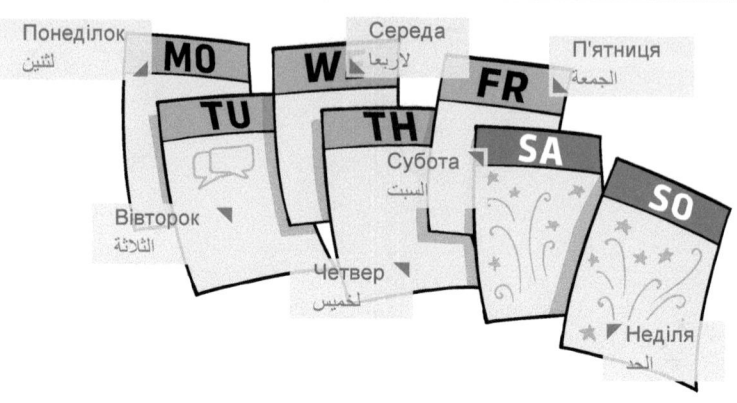

Понеділок لثنين
Середа لاربعا
П'ятниця الجمعة
Вівторок الثلاثة
Субота السبت
Четвер لخميس
Неділя الحد

вчора

لبارح

сьогодні

اليوم

завтра

غدوا

ранок

صباح

опівдні

القايلة

вечір

العشية

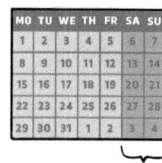

робочі дні

يامات الخدمة

кінець робочого тижня

ويكاند

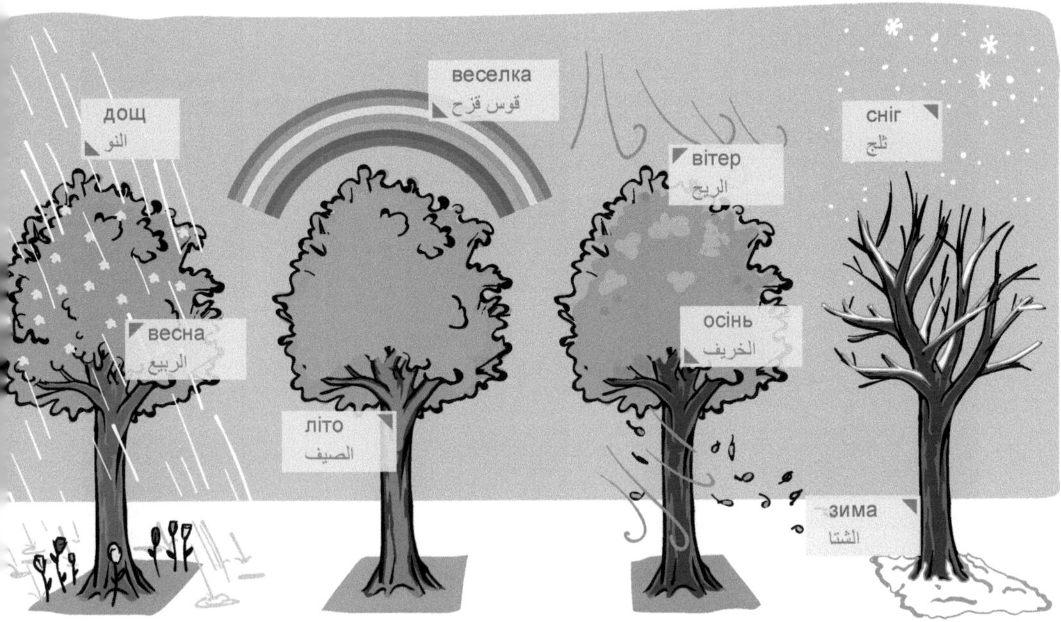

дощ
النو

весна
الربيع

веселка
قوس قزح

літо
الصيف

вітер
الريح

осінь
الخريف

сніг
ثلج

зима
الشتا

прогноз погоди

يتنبأ بالحال

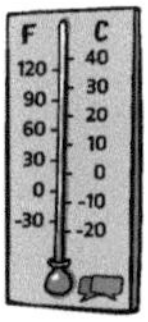

термометр

مقياس حرارة

сонячне світло

ضوء الشمس

хмара

سحابة

туман

ضباب

вологість повітря

ميديتي

блискавка
....
برق

грім
....
رعد

шторм
....
عاصفة

град
....
بَرَد

мусон
....
ريح

повінь
....
طوفان

лід
....
جليد

Січень
....
جانفي

Лютий
....
فيفري

Березень
....
مارس

Квітень
....
افريل

Травень
....
ماي

Червень
....
جوان

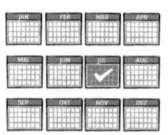

Липень
....
جويلية

Серпень
....
اوت

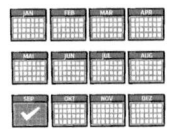

Вересень

سبتمبر

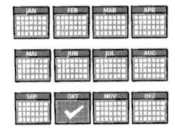

Жовтень

اكتوبر

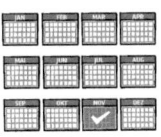

Листопад

نوفمبر

Грудень

ديسمبر

форми

فورما

круг

دويرة

квадрат

مربع

прямокутник

مستطيل

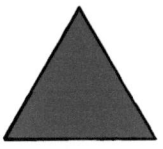

трикутник

مثلث

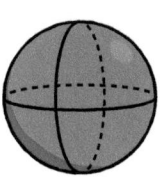

куля

كويرة

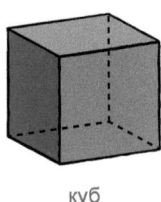

куб

مكعب

білий

بيض

жовтий

صفر

помаранчевий

نشيني

рожевий

روز

червоний

حمر

фіолетовий

حلحالي

синій

زرق

зелений

خظر

коричневий

قهوي

сірий

قري

чорний

كحل

багато / мало
....
بزاف / شوية

лютий / мирний
....
زعفان / مكالمي

гарний / бридкий
....
شباب / مشي شباب

початок / кінець
....
البدية / التالي

великий / малий
....
كبير / صغير

світлий / темний
....
فاتح / فونسي

брат / сестра
....
خو / خت

чистий / брудний
....
نقي / موسخ

завершений /
незавершений
كامل / ناقص

день / ніч
....
نهار / اليل

мертвий / живий
....
ميت / حي

широкий / вузький
....
عريض / ضيق

їстівний / неїстівний

يقدو ياكلوه / ميقدروش ياكلوه

злий / дружній

شرير / ناس ملاح

збуджений / нудьгуючий

يثير / يمل

товстий / тонкий

سمين / رقيق

спочатку / востаннє

اللولا / التالية

друг / ворог

الصاحب / لعدو

повний / порожній

معمر / فارغ

жорсткий / м'який

قاصح / سوبل

важкий / легкий

ثقيل / خفيف

голод / спрага

جوع / عطش

хворий / здоровий

مريض / صحيح

незаконний / законний

غير شرعي / شرعي

розумний / дурний

ذكي / مبوقل

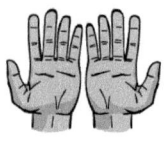

вліво / вправо

يسار / يمين

поруч / далеко

قريب / بعيد

новий / використаний

جديد / مستعمل

нічого / щось

مكانش / شوية

старий / молодий

شيباني / شاب

вкл / викл

يشعل / يطفئ

відкрито / закрито

محلول / مبلع

тихо / гучно

بشوية / بلقوة

багатий / бідний

مرفح / زوالي

правильно / неправильно

نيشان / خاطيء

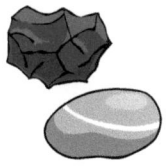

шорсткий / гладкий

حرش / رطب

сумний / щасливий

زعفان / فرحان

короткий / довгий

قصير / طويل

повільно / швидко

بشوية / بلخف

вологий / сухий

مشمخ / ناشف

гарячий / холодний

حامي / بارد

війна / мир

القيرة / لامان

0

нуль

صفر

1

один

واحد

2

два

زوج

3

три

ثلاثة

4

чотири

ربعة

5

п'ять

خمسة

6

шість

ستة

7

сім

سبعة

8

вісім

ثمانية

9

дев'ять

تسعة

10

десять

عشرة

11

одинадцять

حداعش

12

дванадцять

اثناعش

13

тринадцять

تلطاعش

14

чотирнадцять

رباطاعش

15

п'ятнадцять

خمسطاعش

16

шістнадцять

سطاعش

17

сімнадцять

سبعطتعش

18

вісімнадцять

ثمنطاعش

19

дев'ятнадцять

تساعطاش

20

двадцять

عشرون

100

сто

مية

1.000

тисяча

ألف

1.000.000

мільйон

مليون

англійська

انقلي

американська англійська

انغلي تاع مريكان

китайська
високочиновницька

لغة الشنوية

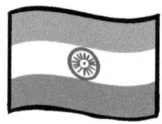

хінді

الهندية

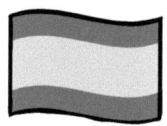

іспанська

سبنيولية

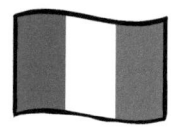

французька

الفرونسي

арабська

العربية

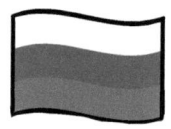

російська

الروسية

португальська

البوتغالية

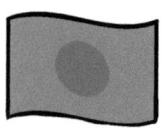

бенгальська

البنغالية

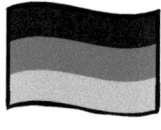

німецька

لالمنية

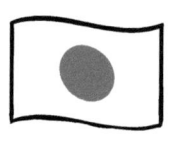

японська

الجابونية

я

انا

ти

نتا

він / вона / воно

هو

ми

حنايا

ви

نتوما

вони

هوما

хто?

شكون

що?

واش

як?

كيفاش

де?

وين

коли?

وقتاش

ім'я

الاسم

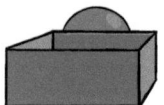

ззаду

لورم

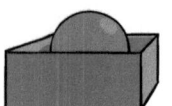

в

في

перед

قدام

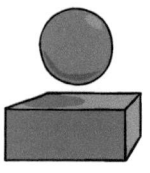

над

فوق

на

على

під

تحت

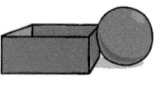

біля

حدا

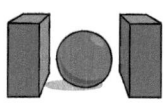

між

بين

місце

بلاصة